L'INVASION SICILIENNE

ET

LE PEUPLEMENT FRANÇAIS

DE LA TUNISIE

Conférence faite par M. Jules SAURIN

en Mars et Avril 1900

A MARSEILLE, LYON, LILLE,
ROUBAIX, NANCY, LE HAVRE, AMIENS & ST-QUENTIN

PRIX : 0,50 CENT.

PARIS,
Augustin CHALLAMEL, Éditeur,
LIBRAIRIE COLONIALE,
Rue Jacob, 5.

COMITÉ DU PEUPLEMENT FRANÇAIS

6, Rue du Lycée, de 8h à 10h

CARTE DE LA TUNISIE

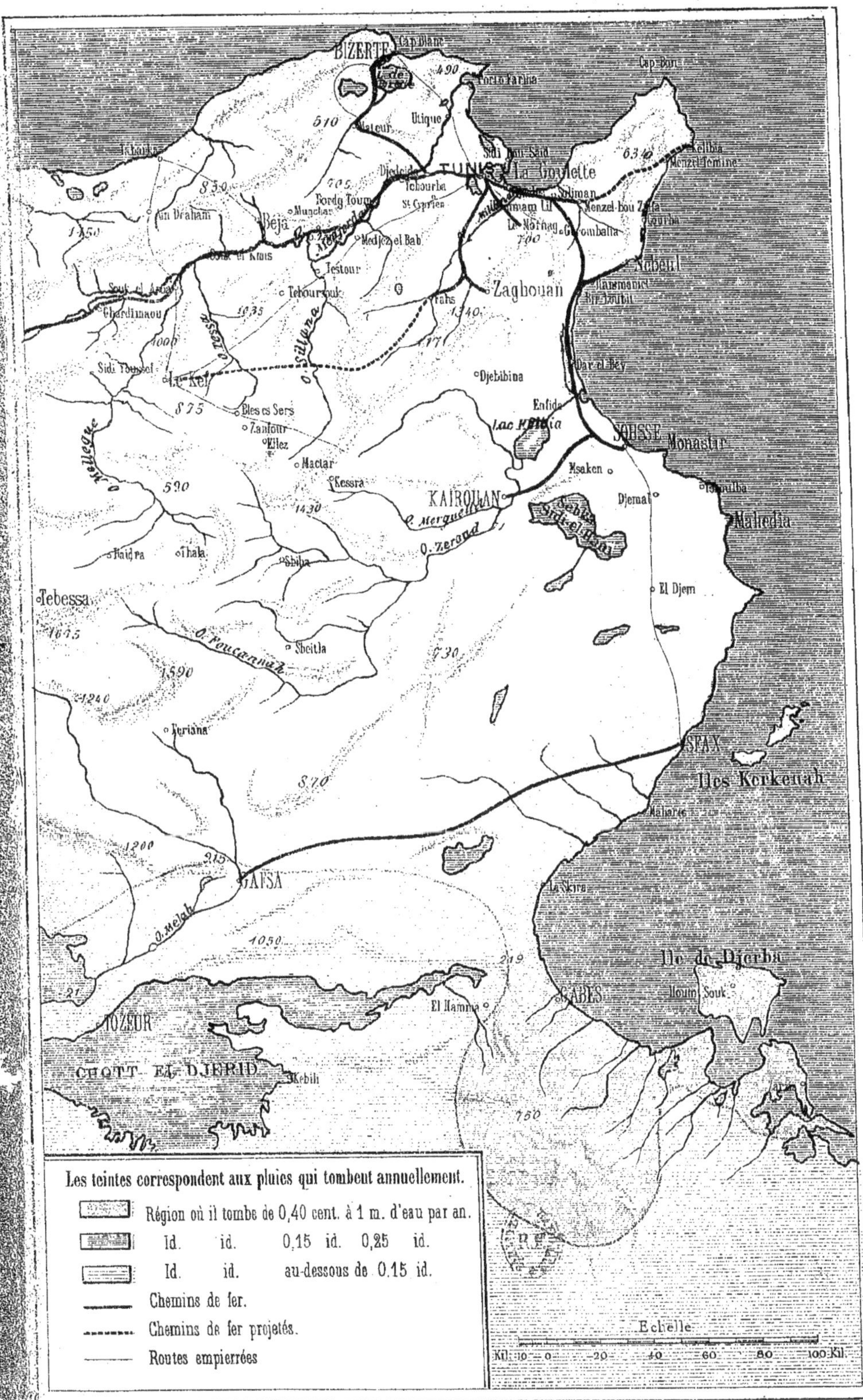

LITH. A. BEAU, TUNIS

AUX CULTIVATEURS

Le Comité du Peuplement Français fait appel à tous les Français et les prie instamment de travailler dans la mesure de leurs forces à augmenter le nombre de nos compatriotes établis en Tunisie. Si les cultivateurs français ne venaient pas en grand nombre, le pays serait envahi par les Siciliens et la Tunisie deviendrait un jour ou l'autre italienne.

Comment on se rend en Tunisie. — Le voyage de Marseille à Tunis s'effectue en trente-cinq heures. — Compagnie Transatlantique : deux départs par semaine, les lundi et vendredi à midi : 2e classe, 70 fr.; 3e classe, 31 fr. 50; 4e classe, 19 fr. 50 ou 16 fr. 50 sans nourriture. Compagnie Touache : un départ par semaine ; le mercredi à midi; 30 fr. en 2e classe, 20 fr. en 3e (12 fr. sans nourriture). On accorde aux émigrants français venant en Tunisie et aux membres de leur famille une réduction de 50 % sur toutes les compagnies de chemins de fer et sur les lignes de navigation, avec franchise de 100 kilos de bagages. Le passage sera accordé gratuitement aux familles sérieuses ayant trouvé un emploi en Tunisie. Pour obtenir réductions ou passage gratuit, s'adresser à la Direction de l'Agriculture, à Tunis.

Ceux qui peuvent s'établir en Tunisie. — Ouvriers maçons, charpentiers, menuisiers, cordonniers mariés et pères de famille. Ils achètent à proximité des centres une terre de 2 à 3 hectares, dont un défoncé à la vapeur, pour 1.000 à 1.400 fr., et travaillent de leur état ou chez les propriétaires voisins, tout en cultivant leurs terres. Facilités de paiement.

Cultivateurs célibataires. — Ils peuvent trouver un emploi de garçons de ferme de 350 à 400 fr. par an avec nourriture et logement, de 70 à 100 fr. par mois sans nourriture.

Les Français établis en Tunisie six mois avant le tirage au sort ne font qu'une année de service militaire s'ils s'engagent à rester dix ans dans le pays.

Maîtres-valets. — On donne à une famille le logement, le droit à la volaille et au jardin et un salaire de 1.400 fr. si elle a un enfant en âge de travailler, de 1,800 fr. si elle en a deux, de 2.200 fr. si elle en a trois.

Métayers. — Voici les conditions offertes par plusieurs propriétaires. Le propriétaire fournit : une maison de trois pièces, une grande écurie, 8 à 10 bœufs de labour, un mulet, 15 vaches, 50 hectares de terres labourables, dont 10 défoncés à la vapeur, pour le vignoble. Il paie les journées consacrées à la vigne tant qu'elle n'a pas atteint la 3e feuille et il fournit gratuitement la batterie à vapeur et son personnel. Le métayer fournit son matériel et son travail ; il doit posséder 500 à 3.000 fr. d'avances, suivant les propriétaires. Le partage des produits a lieu par moitié, mais le métayer a droit presque seul à la volaille, au jardin, à un porc et à une vache laitière. — Une ferme de 50 hectares dont 10 en vigne, produit, bon an mal an, 10 à 12.000 fr. dont la moitié revient au métayer. Il peut facilement mettre de côté 1.000 à 3.000 fr. par an, s'il est économe et sérieux.

Fermier. — On peut trouver aussi à prendre à ferme quelques propriétés.

Petits propriétaires. — Ceux qui disposent de 5 à 10.000 fr. peuvent acheter des lots de 50 à 80 hectares à la Direction de l'Agriculture de Tunis, qui fournit gratuitement la liste des lots disponibles à tous ceux qui la lui demandent.

Conditions favorables à la culture en Tunisie. — 1° Pas de morte-saison; aussitôt après les semailles, on laboure, on taille et on pioche la vigne. — 2° Le laboureur a deux ou trois mois de plus qu'en France pour préparer ses terres, parce que les moissons se font un mois plus tôt et les semailles un mois plus tard. — 3° La culture est plus économique, la main d'œuvre est bon marché; on paie l'Arabe 1 fr. 20 par jour sans nourriture. — 4° La terre étant bon marché, 150 à 200 fr. l'hectare, le cultivateur économe et laborieux peut devenir propriétaire beaucoup plus rapidement qu'en France.

Prix de divers objets. — Dans les dix dernières années, on a vendu le blé 16 à 25 fr. les 100 kilos, l'orge de 11 à 16, l'avoine de 12 à 17, le vin de 12 à 22 l'hecto. Le bétail se vend en hiver de 50 à 55 fr. les 100 kilos, poids vif. — Les vêtements, les chaussures, etc., se vendent au même prix qu'en France; le sucre vaut 0 fr. 50 le kilo, le café 2 fr. 50 le kilo, le pétrole 0 fr. 20 le litre.

Le Comité du Peuplement Français (Palais des Sociétés Françaises, rue du Lycée, Tunis) centralise toutes les demandes de garçons de ferme, métayers ou fermiers, il envoie la liste des emplois disponibles, le *Manuel de l'Emigrant en Tunisie*, etc. Le cultivateur désirant recourir au Comité pour se placer en Tunisie est prié de joindre à sa demande les pièces suivantes, sur papier libre : casier judiciaire, un extrait du livret de famille indiquant l'âge des enfants, un certificat du médecin attestant leur bonne santé; indication des places qu'on a occupées, avec références à l'appui, certificat d'un notaire indiquant les avances disponibles. Ces pièces sont renvoyées à l'intéressé dès qu'on en a pris copie. Joindre 0 fr. 50 pour frais de correspondance.

LE

COMITÉ DU PEUPLEMENT FRANÇAIS

A TUNIS.

Il est fondé à Tunis, sous ce titre, une réunion qui a pour objet l'étude et la solution pratique de toutes les questions intéressant le peuplement français de la Tunisie. Étudier les moyens pratiques pour obtenir ce résultat, puis, faire appel à l'initiative privée et aux Pouvoirs publics pour les appliquer, tel est le but du Comité.

Son organisation est très simple. Il comprend trois sortes de Membres : des Membres titulaires, des Membres adhérents et des Membres correspondants. Les premiers ne peuvent pas être plus de douze ; ils se recrutent eux-mêmes par coptation ; ils dirigent le Comité et forment pour ainsi dire, le pouvoir exécutif. Ils paient une cotisation annuelle de 10 fr. Les Membres adhérents sont unis aux premiers par des relations constantes : ils peuvent assister aux séances du Comité toutes les fois qu'ils ont une proposition à faire ; ils reçoivent le Bulletin, qui les tient au courant des travaux du Comité. C'est parmi eux que la réunion des Membres titulaires choisira ses propres Membres. Ils paient une cotisation annuelle qu'ils fixent eux-mêmes et dont le minimum est de 5 francs. Il importe qu'ils soient très nombreux pour que le Comité constitue une force puissante. Enfin, les Membres correspondants sont choisis, en France, parmi les hommes qui veulent bien nous aider à atteindre notre but : journalistes, personnages politiques, cultivateurs, curés, instituteurs, etc. ; nous ne leur demandons que de faire de la propagande en faveur du peuplement français de la Tunisie.

Déjà le Comité a fait faire des conférences dans les casernes : il a distribué une carte de la Tunisie suivie d'une notice à tous les soldats de la classe qui ont quitté le pays en Octobre dernier. Il a adressé aux Pouvoirs publics une pétition pour demander qu'on accorde une exemption de deux années de service militaire à tout soldat de la division de Tunisie qui justifierait qu'il a trouvé un emploi ou qu'il dispose des capitaux nécessaires pour devenir colon, à condition qu'il s'engage à rester dix ans en Afrique.

Il a installé dans ses bureaux un Agent spécial qui centralise toutes les demandes des cultivateurs français désirant venir en Tunisie comme garçons de ferme, maîtres-valets ou métayers ; il fait une enquête détaillée sur chaque candidat et tient à la disposition des propriétaires le dossier complet de chacun d'eux. Enfin, il a attiré l'attention des Pouvoirs publics sur diverses mesures urgentes qu'il conviendrait de prendre pour assurer l'œuvre du peuplement français.

Les Membres du Comité font appel à tous les Français et les prient instamment de se faire inscrire comme Membres adhérents.

Dr BERTHOLON ✲, Président de l'Institut de Carthage.

CHABERT, Membre de la Chambre de Commerce de Tunis.

GAUDIANI, Avocat, Membre de la Conférence consultative.

GILLIARD, Membre de la Chambre d'Agriculture de Tunis.

LECORE-CARPENTIER, Directeur de la *Dépêche tunisienne*.

Paul LEROY-BEAULIEU, O. ✲, Membre de l'Institut, résidant à Paris.

POUBLON, ancien Président de la Chambre de Commerce de Tunis, Trésorier du Comité.

Lieutenant-Colonel DU PUCH, O. ✲, ancien Chef de corps du 4e chasseurs d'Afrique.

Jules SAURIN, Propriétaire à Tunis, Secrétaire du Comité.

Mgr TOURNIER, Évêque titulaire d'Hippone-Zarite.

Envoyer les adhésions au Secrétaire du Comité, 6, rue du Lycée, à Tunis.

Le Comité envoie gratuitement à toute personne qui en fait la demande, la conférence de M. Jules Saurin sur le Peuplement de la Tunisie par les Français et le Manuel de l'Émigrant.

Lille Imp. L. Danel

L'INVASION SICILIENNE

ET

LE PEUPLEMENT FRANÇAIS

DE LA TUNISIE

Conférence faite par M. JULES SAURIN

en Mars et Avril 1900

A MARSEILLE, LYON, LILLE,
ROUBAIX, NANCY, LE HAVRE, AMIENS & ST-QUENTIN

PRIX : 0,50 CENT.

PARIS,
Augustin CHALLAMEL, Éditeur,
LIBRAIRIE COLONIALE,
Rue Jacob, 5.

L'INVASION SICILIENNE

ET

LE PEUPLEMENT FRANÇAIS

DE LA TUNISIE

Conférence faite par M. Jules SAURIN

En Mars et Avril 1900

A MARSEILLE, LYON, LILLE,
ROUBAIX, NANCY, LE HAVRE, AMIENS ET St-QUENTIN

Mesdames, Messieurs,

Je viens ce soir appeler votre attention sur une des œuvres les plus urgentes que doit accomplir notre pays : le peuplement de la Tunisie par les Français. Tout grand peuple doit se proposer une tâche, à laquelle il consacre le meilleur de ses forces ; il doit avoir une pensée nationale qui s'élève au-dessus de toutes les luttes des partis. Vous savez avec quelle énergie et quelle persévérance les Anglais se sont attachés à la formation d'un vaste empire africain s'étendant du Cap à Alexandrie, ils commettent même de véritables crimes pour atteindre leur but, puisqu'ils n'hésitent pas à anéantir la vaillante nation des Boërs. Je voudrais que la France eût toujours devant les yeux l'œuvre à accomplir en Afrique du Congo à la Méditerranée, que cette pensée dominât les préoccupations souvent mesquines de tous les partis, qu'elle pût s'élever bien au-dessus de ces querelles de ménage qui, hélas ! prennent le meilleur de notre temps et de notre énergie ; je voudrais que tout bon Français se posât souvent cette question : Que puis-je faire pour le développement de notre grand empire français en Afrique ?

En ce moment cette œuvre est menacée par un grand danger : la Tunisie renferme 80.000 Italiens et 20.000 Français. Devant notre inaction, de puissantes Sociétés italiennes ont acheté et alloti 18.000 hectares situés autour de Tunis en faveur de 15 à 20.000 colons siciliens ; partout les Italiens prennent possession du sol en groupes compacts et partout ils cherchent de nouvelles terres pour créer de nouveaux centres italiens. N'ai-je donc pas raison de pousser un cri d'alarme et de venir dire à mes compatriotes : « Hâtez-vous de nous envoyer les hommes et les capitaux nécessaires si vous voulez que la Tunisie reste française. »

De nos récentes conquêtes celle-ci se prête le mieux au peuplement ; il y a un territoire aussi grand que sept à huit départements français et semblable à la Provence ou au Languedoc. Les indigènes qui l'habitent se sont presque tous établis le long du littoral Bizerte-Zarris où ils forment des agglomérations très denses. L'intérieur est relativement peu peuplé. On y compte à peine 7 à 8 habitants au kilomètre carré, et le pays est divisé en grands domaines privés qu'on peut acquérir facilement.

Il faut rendre hommage à nos compatriotes ; ils ont déjà acheté près de 500.000 hectares de terre. De superbes exploitations ont été créées, mais les colons sont restés isolés, ils n'ont pas amené avec eux les paysans français qui seuls peuvent prendre possession du sol, parce qu'ils s'attachent au pays sans esprit de retour. Or il ne nous suffit pas d'avoir la propriété, d'avoir des soldats et des fonctionnaires, de détenir même tous les capitaux, il nous faut avant tout avoir des milliers de familles de cultivateurs français. C'est en effet une loi historique que dans tout pays tempéré la domination politique appartient tôt ou tard à la race qui cultive le sol. On en retrouve des applications continuelles à travers l'histoire ; nulle part on n'en voit un exemple plus frappant qu'en Orient : la Roumélie orientale qui appartenait à la Turquie s'est annexée elle-même à la Bulgarie en 1885, les habitants des villes, les grands propriétaires étaient tous Grecs, mais les paysans étaient presque tous Bulgares. Il en sera de même un jour ou l'autre de la Macédoine : elle échappera à l'influence grecque ou turque parce que tous ses paysans sont des Slaves.

La domination politique nous échappera sûrement en Tunisie si nous laissons les Italiens s'emparer du sol et si nous nous contentons d'être les administrateurs, les soldats, les riches capitalistes du pays. Jusqu'en 1896, l'Italie a combattu notre hégémonie politique dans la Régence ; elle affectait de ne pas reconnaître le protectorat français. Dans les conventions de 1896 qu'elle a signées avec la France, elle a pleinement reconnu notre prépondérance politique, mais elle n'a pas renoncé pour cela à la Tunisie. Un Ministre italien, M. Nasi, député de Trapani, le disait dans un discours, quelques mois après la conclusion du nouveau traité : « Le gouvernement italien ne perd pas de vue sa colonie italienne de Tunisie. » Depuis lors, les Italiens ont redoublé d'efforts pour acquérir la domination économique ; ils n'ont pas pu s'emparer du pays par les soldats, ils vont le faire occuper par leurs paysans. « Gouvernez le pays, semblent-ils nous dire, établissez de belles routes, construisez des ports, des chemins de fer, bâtissez de superbes édifices publics ; vous travaillez pour nous, car bientôt nous serons dix fois plus nombreux que vous et le pays nous appartiendra. »

A l'ombre du drapeau français, sous la protection de nos troupes et de nos gendarmes ils se développent en effet à merveille. L'étiquette reste française, mais l'intérieur devient italien. Comme ces industriels malhonnêtes qui, tout en conservant précieusement la bouteille et l'étiquette d'une liqueur de marque, lui substituent un produit de qualité inférieure, les Italiens reconnaissent hautement notre domination politique et témoignent la plus grande déférence à nos administrateurs, mais ils font tous leurs efforts pour prendre possession du pays et jamais leurs progrès n'ont été si rapides, si effrayants que durant ces trois dernières années.

L'occupation de la Tunisie, on ne s'en rend pas assez compte en France, a été considérée par les Italiens comme une conquête faite aux dépens de leur pays. Un patriote italien éprouve en pensant à la Régence les mêmes sentiments que nous ressentons quand nous songeons à l'Alsace-Lorraine. On s'intéresse avec passion dans toute la péninsule aux questions tunisiennes. Il y a deux ans la colonie de Tunis voulait construire un hôpital exclusivement italien : en quelques mois on réunissait les 120.000 fr. nécessaires : roi, ministres, bourgeois ou hommes du peuple tous envoyaient leur souscription. Mais c'est surtout en Sicile, à Trapani, à Marsala et à Palerme qu'on s'intéresse à la Tunisie : c'est là qu'on a organisé le nouveau système de colonisation. Autrefois les Siciliens venaient isolément en Tunisie ; ouvriers des villes ou des champs, terrassiers, petits commerçants, ils s'établissaient comme ils pouvaient, séparément et sans aucun lien entre eux. Depuis deux ans, des bourgeois siciliens ont acheté d'immenses domaines sur lesquels ils établissent leurs compatriotes en masses compactes. Dès qu'une terre a été achetée par eux, ils expulsent aussitôt l'indigène et la peuplent uniquement avec leurs nationaux.

Sur toutes les routes qui convergent vers Tunis ils occupent déjà des positions de premier ordre ; 7.000 hectares sur celles qui conduisent à la frontière algérienne, 8.000 hectares sur celle de Zaghouan, 7.000 autour du golfe d'Hammamet, cette plage si favorable au débarquement de l'ennemi. Autour de Bizerte où ils possèdent déjà plusieurs milliers d'hectares, ils sont en pourparlers avec un riche israélite qui va leur vendre probablement tous ses domaines de la région de Mateur, soit 2 à 3.000 hectares. Le mouvement est à peine à ses débuts : partout des agents italiens parcourent le pays à la recherche des propriétés à vendre ; ils offrent des prix très élevés pour les domaines bien situés. Nous connaissons un grand domaine dont ils ont offert 450.000 fr. payables comptant. Nul doute qu'ils ne possèdent bientôt autour de Tunis 50 à 60.000 hectares.

Ces terres divisées par lots de 2 à 5 hectares sont vendues à enzel (moyennant une rente annuelle) aux colons siciliens. Comme ils se livrent tous à la culture de la vigne, culture intensive par excellence, puisque un hectare de vigne peut faire vivre une famille de 7 à 8 personnes, on voit que les Italiens possèderont bientôt les terres nécessaires pour établir 100.000 paysans. Les colons arrivent déjà en masse ; depuis un an chaque bateau de Sicile en amène plusieurs centaines ; d'après le recensement de 1898 effectué par la police, ils étaient au nombre de 64.000 ; ils sont aujourd'hui 80.000. Que font donc ces colons en attendant le produit de la vigne qui n'arrive qu'à la quatrième année ? Le fonctionnement d'une Société de colonisation va nous l'expliquer.

La Société Canino et Cie fondée par un professeur de Trapani, a déjà acheté trois grands domaines ; Bordj El Amri, 3.800 hectares à 26 kilomètres de Tunis ; Farsine, 1.000 hectares à égale distance entre Hammamet et Zaghouan et un troisième domaine de 600 hectares sur la route d'Hammamet. Elle dispose d'un capital de 2.500.000 fr. Les domaines sont divisés en deux parts : l'une, la plus restreinte, est cultivée directement par des journaliers ; l'autre est allotie en lots de 2 à 10 hectares qui sont vendus à l'enzel à de petits colons siciliens dénués de ressources. La Société les loge, leur fournit du travail sur son exploitation directe ou leur prête à titre d'avance 1 fr. 50 par jour toutes les fois qu'ils travaillent sur leur lot, qu'ils lui ont acheté à l'enzel. Le colon ne commencera à payer l'enzel et à rembourser les avances qu'à la fin de la cinquième année.

Qui fournit donc les capitaux considérables nécessaires à ces Sociétés ? Tout le monde sait qu'en Italie, en Sicile surtout, les capitaux disponibles sont excessivement rares, aussi ne fera-t-on jamais croire à un homme sérieux que c'est l'initiative privée qui a fourni les 7 à 8 millions déjà dépensés. Durant 15 ans, les Italiens n'avaient pas acheté de terres en Tunisie et tout d'un coup ils en achètent de tous les côtés : partout on voit surgir des maisonnettes occupées par des Siciliens, tantôt c'est un coiffeur qui trouve le capital nécessaire pour établir une famille de paysans, parfois c'est une puissante Société qui établit des milliers de personnes. Jamais ce mouvement ne se serait manifesté tout à coup avec cet ensemble et cette ampleur si l'initiative privée avait été livrée à ses propres ressources. Voici probablement ce qui s'est passé :

La Compagnie Florio-Rubatino a vendu à la Compagnie française « Bône à Guelma » pour 7.500.000 fr. le chemin de fer de Tunis à la Goulette, qu'elle avait acheté en 1880 avec une garantie d'intérêt de l'État italien. Ma conviction est que cette somme a été consacrée à la petite colonisation italienne. C'est la maison Florio qui a déposé dans les banques de Tunisie les sommes nécessaires pour l'achat des grands domaines. C'est un de ses agents qui offrait 450.000 fr. comptant du domaine indiqué plus haut. C'est M. Ignazio Florio, me disait un Italien bien placé pour le savoir, qui a donné l'élan à la petite colonisation sicilienne. Sans doute le gouvernement italien assurera de la manière la plus formelle, qu'il est étranger à ce mouvement, mais en 1880 n'avait-il pas accordé secrètement une garantie d'intérêt à la même Compagnie Florio pour qu'elle achetât le chemin de fer de Tunis à la Goulette. Et pourtant il s'était engagé à ne pas intervenir. Il est très facile de dissimuler dans le budget une garantie d'intérêts accordée à la Compagnie Florio, puisque cette Société reçoit une subvention annuelle de 8 à 9 millions de francs pour ses diverses lignes de navigation. D'ailleurs, la Compagnie Florio pourrait bien se passer de garantie d'intérêt dans cette affaire, à cause du bénéfice de 2.500.000 fr. qu'elle a réalisé sur la vente du chemin de fer. Ce qui est indiscutable, c'est que de puissantes influences ont fourni tout à coup aux Italiens de Tunisie les capitaux nécessaires pour poursuivre sur une longue échelle la création de villages agricoles.

Nous nous assimilerons tous ces étrangers, me direz-vous peut-être, et nous en ferons des compatriotes. Oui, l'assimilation est facile en France ou en Algérie. Manouvriers, terrassiers, ouvriers ou petits commerçants, les Italiens y vivent isolés, entourés de tous côtés par l'élément français; l'école, l'église, les mariages mixtes achèvent de faire de leurs enfants de bons Français. Telle n'est pas la situation en Tunisie. Ils sont quatre fois plus nombreux que nous. on compte à peine 20.000 Français pour 80.000 Italiens. C'est l'élément français qui est isolé pour ainsi dire au milieu des étrangers. Dans les cafés, dans les rues, en tramway, en chemin de fer, partout on n'entend parler que l'italien. Ils ont à leur tête une classe dirigeante très unie et très intelligente : avocats, médecins, architectes, commerçants ou grands propriétaires, tous ont un patriotisme ardent. Dans toutes les villes leurs écoles sont florissantes; partout ils ont leurs Sociétés de secours mutuels, leurs Sociétés de musique ou de gymnastique ; à Tunis il existe une douzaine d'associations italiennes, très prospères ; depuis trois ans celles qui végétaient ont repris une nouvelle vie ; d'autres ont été fondées : la Société patriotique militaire, la Dante Alighieri, qui a pour but « de soustraire les enfants à l'influence étrangère » datent de 1897 ; la Société de bienfaisance italienne, la Banque populaire ont été créées en 1899.

Comment voulez-vous donc que 20.000 Français, parmi lesquels on compte 10.000 fonctionnaires peu attachés au pays, puissent assimiler 100.000 Italiens aussi fortement organisés ; à la campagne surtout où l'on trouve à peine 2.000 Français et où il y aura bientôt 25 à 30.000 Siciliens formant des groupes compacts de 5 à 6.000 habitants, l'influence française ne pourra jamais pénétrer l'élément italien. Sans doute dans un pays équatorial, une poignée de blancs suffit pour maintenir des milliers d'indigènes qui leur sont inférieurs à tous les points de vue. Mais la Tunisie est un pays tempéré, semblable au littoral méditerranéen de l'Europe. De plus, entre l'Italien et le Français il n'y a pas de différence sensible, tous deux sont chrétiens, jouissent de la même civilisation. La domination appartiendra tôt ou tard à ceux qui seront les plus nombreux. Il faut le dire bien haut à tous nos compatriotes : Sous la protection de nos soldats et de nos fonctionnaires nous créons en Tunisie la plus belle colonie italienne de la Méditerranée.

Qu'on ne croie pas qu'il s'agisse seulement d'un péril lointain. La guerre peut éclater prochainement en Europe. De quel côté seront les Italiens ? N'ont-ils pas des engagements précis qui les lient à l'Allemagne ? Ne sont-ils pas les meilleurs amis de l'Angleterre en Europe ? Que nous ayons en face de nous l'Allemagne ou l'Angleterre, peu importe : ces deux États auront toujours l'Italie comme alliée. Lisez si vous en doutez leurs revues et leurs journaux : « Nous sommes enfermés, disent-ils à chaque instant, comme par un cercle de fer dans cette Méditerranée dont nous devrions être les maîtres à cause de notre position géographique. » — « Il faut ou mourir ou rompre le cercle de fer qui nous entoure dans la Méditerranée, » disait récemment M. Frassati dans la *Nuova Antologia*, à propos de la convention franco-anglaise de 1899, qui délimite notre sphère d'action dans le Soudan oriental. En cas de guerre, quel danger pour nous que la présence de 80.000 Italiens, dont 20.000 au moins appartiennent à la milice mobile et à la milice territoriale de l'armée royale d'Italie. Ils occupent en groupes compacts toutes les routes convergeant vers Tunis ou vers le golfe d'Hammamet ; ils occuperont bientôt celles de Bizerte. Combien il leur serait facile de constituer des bandes garibaldiennes qui nous créeraient les plus grands embarras. Aussi les autorités militaires d'Italie s'intéressent à la Tunisie, les états-majors des corps d'armée du Sud sont tous abonnés à « *La Dépêche Tunisienne* », notre journal quotidien, et en 1897, un officier italien, le capitaine Puliga, organisait à Tunis même une Société patriotique militaire qui a pour objet « d'entretenir des relations avec les autorités militaires d'Italie. ». Cette Société a des cercles militaires à Bizerte et à Méhédia.

En résumé voici la situation : 80.000 Italiens contre 20.000 Français. Demain elle sera plus grave encore, car chaque année plusieurs milliers de paysans siciliens prennent possession du sol comme propriétaires, enzélistes ou fermiers. Que faire en face d'un tel péril ? Ou bien on ferme les yeux et comme un homme qui veut se noyer on se laisse entraîner par le courant en disant : « Il n'y a rien à faire. » Réponse commode pour les sceptiques, pour les paresseux, pour tous ceux qui ne veulent pas être troublés dans leur quiétude. Ou bien on envisage le danger avec sang-froid et on cherche les moyens pratiques de le conjurer. J'espère que vous vous arrêterez tous à ce dernier parti et que vous voudrez bien travailler avec les hommes de cœur à faire de la Tunisie une terre française.

Il est urgent d'introduire en Tunisie des milliers de paysans français. Voilà l'œuvre capitale qui doit dominer toute la politique de la France en Afrique. On songe avec raison à faire le Transsaharien qui unira par la voie ferrée nos possessions du Soudan à celles de la Méditerranée, mais en même temps que nous marcherons de l'avant, n'oublions pas que notre œuvre serait stérile si nous laissions occuper derrière nous le sol de la Tunisie par nos rivaux. S'empare-t-on du premier étage d'une maison, avant d'être le maître du rez de chaussée ? Une armée va-t-elle en avant à l'aventure sans assurer les positions qu'elle laisse en arrière ? En Tunisie il est question d'établir de nouvelles lignes de chemin de fer, de creuser de nouveaux ports : on construit de tous côtés de beaux bâtiments civils. Ce sont là des questions secondaires. Assez de chemins de fer, assez de routes, assez de ports pour le moment. Nous avons déjà trop orné la maison. Que notre principale préoccupation soit de la peupler de Français. J'aime mieux une maison modeste où il manquera quelques commodités intérieures, qu'un palais superbe qui sera occupé par mes ennemis ou par mes rivaux.

Est-il donc possible qu'il n'y ait pas moyen d'introduire quelques milliers de Français dans la Régence ? Nous qui détenons le pays, qui disposons d'un budget de 25 millions se soldant tous les ans en excédents, nous serions incapables d'y établir des paysans de notre race. Nous qui prêtons des milliards aux Belges, aux Espagnols, aux Russes, ou aux Anglais du Transvaal, nous ne pourrions pas fournir les quelques dizaines de millions nécessaires pour nous réserver le sol tunisien. Quoi ! Nous ne trouverions pas tous les ans parmi les 20 millions de paysans français, les 3 à 400 chefs de famille qu'il nous faut pour assurer la prépondérance de l'élément français.

Ce serait le plus formidable aveu d'impuissance que l'histoire aurait à enregistrer. Je ne l'accepte pas pour mon compte et je me suis promis de consacrer à l'œuvre du Peuplement français de la Tunisie tout ce que je puis avoir d'énergie et d'intelligence, et j'ai la ferme conviction que des milliers de Français prendront le même engagement. Étudions donc les moyens pratiques d'atteindre notre but.

Je suis certain que vous avez presque tous fait cette réflexion : Et le Gouvernement que fait-il donc, pourquoi n'agit-il pas ? Dès que nous sommes embarrassés nous nous tournons aussitôt vers l'État. C'est toujours lui aux yeux du bon Français qui est coupable de tous les méfaits. N'avez-vous jamais lu un de ces articles où l'on se plaint de la décadence de notre commerce extérieur et où l'on finit toujours par faire appel à l'intervention de l'État ? Le paysan lui-même quand il a de mauvaises récoltes ne s'écrie-t-il pas parfois : « C'est la faute du Gouvernement. » Ne rendons pas l'Etat responsable de tous nos malheurs. Si la Tunisie n'est pas encore peuplée de nos compatriotes, si elle est envahie par les Italiens, ce n'est pas la faute du Gouvernement, c'est la faute de tous les Français. C'est nous tous qui sommes coupables, nous qui nous passionnons pour les querelles de ménage et qui restons indifférents aux questions vitales se rattachant à l'avenir de la France, c'est nous tous qui ne voyageons pas, qui mourons de torpeur et d'inaction. Les coupables ce sont nos capitalistes qui engloutissent des millions dans le Panama ou dans d'autres affaires médiocres et qui ne veulent même pas se déranger pour étudier les placements plus sûrs et plus fructueux que l'on pourrait faire dans nos colonies.

Ne me dites donc plus que c'est le Gouvernement qui est seul coupable. Ce dernier fait-il d'ailleurs autre chose que ce que lui demande l'opinion publique. Or l'opinion publique lui a-t-elle jamais demandé impérieusement par la presse, par ses représentants élus qu'on s'occupe enfin du peuplement français de la Tunisie.

Certes les hommes ne nous manquent pas en France qui voudraient travailler à l'œuvre coloniale. Que demain un nouveau Marchand parte pour une expédition pleine de périls et des milliers de Français se disputeront l'honneur de l'accompagner. J'admire cette forme de dévouement qui pousse tant de Français à aller se faire casser la tête aux colonies, mais je voudrais qu'à côté de ces hommes hardis, nous ayons des milliers de jeunes Français commerçants ou colons, qui désirent partir pour les colonies, afin de s'y créer une situation et y gagner de l'argent. Voilà en effet la différence de conception par rapport aux colonies qui existe entre le Français et l'Anglais. Le premier va aux colonies comme officier ou soldat pour s'y faire casser la tête, le second y va pour gagner de l'argent. Gardons précieusement cette noble faculté de notre race, le dévoûment jusqu'à la mort pour son pays, mais devenons de plus en plus des hommes pratiques, des colons cherchant à faire de bonnes affaires, à gagner de l'argent.

Travailler au peuplement français de la Tunisie, c'est faire une bonne affaire, voilà la vérité à propager en France, si nous voulons réussir. Parmi les jeunes gens riches de la bourgeoisie, il y en a des milliers qui veulent être fonctionnaires, officiers, avocats ou médecins : qu'ils sachent tous que la situation de colon sera plus agréable et plus lucrative. D'un autre côté on compte par dizaines de mille les jeunes cultivateurs candidats aux emplois de facteurs, cantonniers, hommes d'équipe, etc., qu'on leur fasse connaître qu'il sera plus avantageux pour eux d'être maître-valet, métayer ou fermier en Tunisie. Voici des chiffres précis qui vont vous le prouver. Je ne les ai pas imaginés dans le silence du cabinet, je les ai établis à la suite d'une expérience personnelle de douze ans, expérience qui m'a coûté souvent fort cher, et après avoir bâti moi-même et mis en exploitation dix-huit fermes sur lesquelles je n'ai établi que des Français.

Une ferme de 10 hectares, dont 5 en vignes, exige un capital de 12.000 fr. ainsi employés : achat du terrain, 1.500 fr. ; constructions, 2.500 fr. ; cheptel, 1.000 fr. ; divers, 1.000 fr. ; création du vignoble de 5 hectares, première mise de fonds, 6.000 fr. — Elle rapporte brut à partir de la cinquième année, 5.000 fr. Celui qui établit cette ferme doit être un cultivateur de profession, exécutant lui-même tous les travaux des champs, vivant en grande partie du produit de son sol et allant chercher autour de lui dans les premières années un travail complémentaire, car ce petit domaine ne saurait occuper tout son temps. Les exemples de réussite de colons opérant dans ces conditions existent par centaines : il suffit de passer quelques jours aux environs d'Alger, de Bône ou d'Oran pour trouver des cultivateurs français vivant dans une large aisance sur un lot de cette étendue.

Une ferme de 50 hectares, dont 10 en vignes, exige une première mise de fonds de 32.000 fr. et rapporte brut 10.000 fr. Le prix de revient se décompose ainsi : achat du sol, 7.500 fr. ; constructions, 5.000 fr. ; cheptel, 3.000 fr. ; divers, 3.500 fr. La création du vignoble nécessite une première dépense de 1.200 fr. par hectare. Les revenus se composent du produit de la vigne, 600 hectolitres de vin vendus à 12 fr. = 7.200 fr., et du produit de 40 hectares en céréales et en fourrages, qui donneront de 50 à 150 fr. brut à l'hectare, suivant les années et suivant qu'on se trouvera dans la Tunisie N° 1 ou N° 2 (1).

Ainsi, règle générale, dans une entreprise bien conduite, avec un capital de 32.000 fr., on retirera brut 10.000 fr. Il y a là de quoi rémunérer à la fois le cultivateur qui exploitera le sol et le capitaliste qui aura fourni les fonds indispensables à l'œuvre de colonisation. En admettant qu'en partage le produit brut entre ces deux éléments, suivant un contrat de métayage, il reste 5.000 fr. pour le paysan et 5.000 fr. pour le capital.

Ce sera là une excellente affaire pour le paysan. Comme il n'y a pas de morte-saison en Tunisie, un seul attelage peut très bien mettre en céréales ou en fourrages une trentaine d'hectares et labourer 10 hectares de vignes. Le paysan trouve autour de lui la main-d'œuvre supplémentaire à bon marché (l'Arabe se paie 1 fr. 20 à 1 fr. 50 sans nourriture) ; il est d'ailleurs muni d'une moissonneuse, lieuse. Dans ces conditions, même sans enfants en âge de travailler, il dépensera à peine 5 à 600 fr. de journées supplémentaires et il pourra toujours mettre de côté 1.000 à 2.000 fr. par an s'il est économe et

---

(1) La Tunisie N° 1 comprend toutes les vallées secondaires situées au Nord de la Medjerdah, Beja, Mateur, Bizerte. Les pluies y sont régulières et abondantes.

La Tunisie N° 2 : vallées de l'oued Milianah, de la Medjerdah et région du Cap Bon ; les pluies sont moins abondantes et plus irrégulières ; la culture des céréales y est plus aléatoire : il est indispensable d'avoir un vignoble.

Enfin dans la Tunisie N° 3 : Kairouan, Sousse, Sfax, la culture arbustive seule (olivier, amandier, caroubier) donne des produits certains : la céréale ne réussit qu'une année sur 3 ou 4.

laborieux. Que fera ce paysan de ses économies dans un pays où le sol vaut de 150 à 200 fr. l'hectare ? Il aura vite acheté une propriété sur laquelle il s'établira à son tour.

L'affaire sera tout aussi bonne pour le capital, puisqu'il retirera du 12 au 15 °/₀ des fonds engagés. Celui qui ne dirigerait pas lui-même l'exploitation devra retrancher une partie du rendement pour payer les frais de gérance ou de surveillance ; mais il lui restera du 5 au 8 °/₀. C'est là un taux bien supérieur au rendement des capitaux en France. De plus, le fonds aura une plus value certaine dans un pays neuf, encore peu habité. Peut-on en dire autant de la plupart des charbonnages et des mines d'or ? Les mines s'épuisent ou deviennent inexploitables. La plupart des valeurs mobilières offrent moins de sécurité. Il y aura donc tout intérêt pour le capitaliste à faire des placements fonciers en Tunisie sous les formes les plus diverses, soit qu'il prête les capitaux sur hypothèque à des personnes qu'il connaît, soit qu'il s'intéresse aux entreprises sérieuses qui ont pour but des créations de fermes.

Est-ce à dire pour cela que toutes les entreprises agricoles y réussiront sûrement ? Ici comme partout il y a certaines conditions indispensables à réaliser. La Tunisie n'est pas une terre enchanteresse qui transforme les hommes dès qu'ils y ont mis le pied. Un homme était étourdi, prodigue ou paresseux en Europe, étourdi, prodigue et paresseux il sera en Tunisie, avec cette différence qu'il lui sera plus facile de commettre des fautes dans un pays neuf dont il ignore tout : langue, mœurs, climat, etc. — Il était ivrogne ou alcoolique en France, ivrogne il restera en Tunisie, mais il mourra dix ans plus tôt, à cause du climat qui tue rapidement les malheureux qui s'adonnent à l'alcool. On considère souvent nos colonies comme ces chambres de débarras où l'on relègue dans la poussière tous les vieux objets hors d'usage, depuis le parapluie en loques jusqu'au canapé boîteux ou vermoulu. Je n'oublierai pas de longtemps ce père de famille dont le fils était incapable d'un travail assidu dans ses études et qui se consolait en disant : « Eh bien, j'en ferai un colon ! »

Rien de plus absurde, si vous avez des fils paresseux, incapables d'un travail suivi, pourvus d'une intelligence médiocre, sans énergie, sans esprit d'ordre, n'en faites jamais des colons, faites-en des fonctionnaires. Et ce pour plusieurs raisons : le fonctionnaire une fois rentré dans sa carrière n'en sortira plus. Bien rares sont ceux qu'on révoque, même lorsqu'ils ont commis des fautes graves. Votre fils aura un avancement régulier, arrivera sûrement à la retraite, peut-être même obtiendra-t-il la décoration. En tout cas il ne risquera pas de vous gaspiller votre fortune ; il commettra toutes ses fautes aux frais de l'État, tandis que s'il était colon, ses gaffes lui coûteraient fort cher. Ne nous envoyez donc pas en Tunisie des hommes médiocres, des paresseux, des étourdis ou des têtes trop folles, mais des hommes laborieux, intelligents et économes, ayant bon pied et bon œil.

Voilà là première condition à réaliser, car tant vaut l'homme tant vaut l'entreprise. Il en est deux autres sur lesquelles je veux insister.

Pour qu'une entreprise agricole réussisse, il faut deux choses essentielles : le paysan et le capital. Toutes les fois que l'un va sans l'autre, on est presque assuré d'un échec. Pour obtenir un bon civet il faut également deux choses : un lièvre et une cuisinière. Donnez à un cordon bleu un morceau de bois : pourra-t-elle en faire un civet? Donnez le lièvre à un homme qui n'a jamais manié une casserole : vous aurez beau lui expliquer comment on fait un civet, il ne fera qu'un ragoût épouvantable que les chiens seuls pourront manger. Que la cuisinière au contraire dispose du lièvre et elle vous servira un mets exquis.

Il en est de même d'une entreprise agricole en Tunisie. Le paysan doit être un laboureur, conduisant lui-même sa charrue ou sa charrette, maniant la pioche aussi bien que le sécateur, et ne craignant pas de salir ses souliers dans le fumier. Il doit vivre de la vie du paysan. Voyez autour de vous à la campagne comment vivent nos cultivateurs. Ils se nourrissent presque exclusivement avec les produits de leur champ, basse-cour bien garnie, jardin bien tenu, une vache ou une chèvre. Dans un coin de la ferme on entend le grognement du cochon qui fournira la graisse, le lard et le jambon.

Dans ces conditions il suffit de peu de chose pour joindre les deux bouts. Les paysans qui veulent vivre en citadins ou en bourgeois avant d'avoir réalisé des économies, sont voués à une ruine certaine.

Le vrai paysan, malgré ses qualités de travail et d'endurance, ne peut pas s'établir en Tunisie avec chances de succès, s'il ne dispose pas du capital nécessaire. Il ne peut pas y vivre comme journalier à cause du bon marché de la main-d'œuvre indigène et italienne, il ne peut donc s'y établir que comme maître-valet, métayer, fermier ou petit propriétaire. Quelle que soit la combinaison adoptée, il doit acheter le sol, construire une maison et écurie, disposer d'un cheptel, des instruments de labour et posséder les avances pour vivre en attendant la récolte. Et pour créer le vignoble indispensable, les avances sont encore plus considérables ; durant trois ans il faut attendre en travaillant ; quelle grosse dépense pour le défoncement ! Car sans un défoncement à 50 centimètres, la création du vignoble est une entreprise médiocre. Le paysan sans capital sera aussi impuissant que la cuisinière qui voudrait faire un civet avec un morceau de bois. Aussi, que de paysans ont échoué en Algérie malgré un travail acharné ! On leur avait pourtant concédé la terre pour rien, mais hélas ! ils n'avaient pas le capital nécessaire pour la mettre en valeur : ils empruntaient à gros intérêts et une mauvaise année suffisait pour les ruiner.

Le citadin qui possède le capital est aussi impuissant que le paysan sans capital, s'il ne sait pas s'entourer de bons cultivateurs français. En général, il ignore la culture et il voit germer dans sa cervelle les idées les plus extravagantes. Il en est qui seraient capables de semer les grains de poivre qu'on trouve dans un saucisson avec la conviction qu'ils en obtiendraient des arbres produisant des saucissons. Tous, même les plus intelligents, commettront des fautes graves. Je sens d'autant mieux les dangers qui ménacent le citadin que j'ai passé moi-même par cet état d'esprit. Au début, j'ignorais complètement la culture et, hélas ! je n'avais pas fait de stage. Volontiers j'aurais ensemencé 10 hectares de pommes de terre, planté des milliers de ricins et essayé sur une large échelle les cultures les moins appropriées au climat et au sol. Comme je ne pouvais pas habiter sur mon domaine, les frais généraux, les travaux mal faits, absorbaient tout le bénéfice. C'est qu'en agriculture, l'œil du maître ou de l'intéressé est indispensable. J'ai compris à temps pour quels motifs je ne gagnais rien et j'eus alors recours au métayage. A mon avis le métayage est le seul mode d'exploitation pratique pour celui qui ne réside pas sur ses terres ou qui ignore les éléments de la culture. Sans doute il a ses imperfections, comme toutes les choses de ce monde, mais il offre de grands avantages. Celui qui habite son domaine et qui connaît bien son métier aura parfois intérêt à employer le maître-valet qu'il paie au mois ou à l'année. Quelle que soit la combinaison adoptée, il faut que le citadin se double d'un bon paysan français. Il ne trouvera ni dans l'Arabe, ni même dans l'Italien, l'habileté professionnelle, le bon sens, l'intelligence pratique qu'on rencontre dans le cultivateur français. S'il a une imagination trop vive, qu'il emploie son paysan comme métayer, ce sera pour lui un Sénat conservateur, quelquefois prudent à l'excès, mais le plus souvent sage et réfléchi, qui lui évitera de graves mécomptes.

Le citadin qui ne travaille pas lui-même et qui ne vit pas de la vie du paysan, aura besoin d'un capital six fois plus important que le cultivateur de profession. Règle générale, il lui faudra au moins 40 à 50.000 fr., même s'il a des goûts modestes et s'il est économe et laborieux. Mieux vaut dire nettement la vérité et dissiper des illusions que d'attirer à nous des colons voués à une ruine certaine. L'ouvrier des villes, le petit commerçant enrichi, le jeune bourgeois ne peuvent pas s'établir en Tunisie, comme colons propriétaires, avec un capital de 10 à 15.000 fr. Comment vivraient-ils en demi-rentiers sur une terre de 50 hectares, dont la valeur locative représente 400 fr., eux qui dépensent au moins 2.000 fr. par an pour les besoins courants de la vie et qui sont obligés d'avoir recours à la main-d'œuvre étrangère pour tous les travaux de l'exploitation. Placez-les en France dans les mêmes conditions et ils se ruineront sûrement.

Ils ont en effet dix fois moins de chances de réussite qu'un paysan. Règle générale, ils travaillent cinq fois moins et dépensent cinq fois plus que ce dernier. La plupart s'imaginent qu'ils pourront accomplir tous les travaux des champs, labourer et piocher toute la journée. Erreur profonde, le travail agricole exige une certaine endurance qui ne s'acquiert que dans le jeune âge.

Chose plus grave, ils dépensent beaucoup plus que le paysan. Qu'il le veuille ou non, le citadin a des mœurs, des habitudes et des goûts qui l'entraînent à la dépense. Il sera incapable de faire du porc la base de son alimentation. La femme ne saura ni élever la volaille, cette seconde ressource du paysan, ni tirer parti du lait et des mille petits produits du jardin et de la ferme, même différence entre lui et le paysan pour le vêtement, pour les besoins sociaux, visites à la ville, journaux, etc.

Est-ce à dire que la Tunisie soit fermée au citadin possédant 10 à 15.000 fr. ? — Non. — Qu'ils y viennent d'abord pour exercer leur métier, qu'ils tâchent d'avoir un emploi, un commerce qui leur permettra de vivre sans entamer leur capital. Ils pourront alors créer une ferme en s'unissant à un métayer qui disposera lui aussi de quelques avances. Enfin s'ils veulent à tout prix être colons, qu'ils fassent un stage et qu'ils s'établissent comme fermiers ou enzélistes. Mais de grâce qu'ils renoncent à s'établir comme colons propriétaires, tant qu'ils ne disposeront pas de 40.000 fr. Si j'insiste sur cette idée, c'est que les candidats colons de cette catégorie sont très nombreux. Combien en ai-je déjà vu en Algérie ou en Tunisie victimes de leurs illusions. La plupart deviennent des adversaires acharnés du pays ou du gouvernement... qu'ils rendent responsables de leur échec.

Voilà donc deux éléments indispensables l'un à l'autre : le paysan et le capital. Unissons-les et nous ferons une œuvre excellente. Cette union peut se réaliser de plusieurs manières. Parfois ces deux éléments seront réunis dans une même personne. Il y a dans le Plateau central, dans l'Aveyron notamment, des paysans disposant de sommes importantes. Le fils aîné y conserve seul le domaine paternel et paie une certaine somme à ses frères cadets qui abandonnent le pays. Ces paysans disposant de 10 à 20.000 fr. sont assurés du succès s'ils possèdent les qualités ordinaires du cultivateur de ces régions : amour du travail, esprit d'ordre et d'économie. — Mais le plus souvent les deux éléments sont séparés. D'un côté nous trouvons des jeunes gens de la bourgeoisie, des citadins disposant par eux-mêmes ou par leurs relations de capitaux importants ; d'un autre côté nous avons des paysans sans capitaux, chefs de famille pourvus de nombreux enfants ou jeunes cultivateurs n'ayant que leurs bras et heureux de fonder une famille.

Voici comment j'ai réalisé l'union des deux éléments. J'ai créé deux groupes de fermes avec le concours de divers capitalistes qui m'ont honoré de leur confiance, et j'ai pu établir ainsi dix-huit chefs de famille. A chacun je donne en métayage une ferme de 40 à 50 hectares pourvue de ses constructions et de son cheptel. Les 10 à 20 hectares consacrés au vignoble sont défoncés à la vapeur, plantés et entretenus à mes frais par le métayer jusqu'au moment de la production. Le cultivateur dispose d'un capital variant de 500 à 2.000 fr., on lui avance le capital complémentaire s'il est sérieux. Il fournit le matériel de culture et le travail. Les produits sont partagés par moitié.

Toutefois le métayer a pour lui seul les produits de la basse-cour et du jardin.

J'ai recours au métayage parce qu'il me serait impossible de surveiller directement un certain nombre de fermes, mais le colon qui possède un domaine de 100 à 300 hectares sur lequel il demeure la plus grande partie de l'année, préférera parfois exploiter avec des familles de maîtres-valets engagés pour un an moyennant un salaire fixe. Mieux vaudra pour lui morceler son domaine en 5 à 6 exploitations que de créer une seule exploitation géante : il lui faudra dépenser quelques milliers de francs de plus pour construire les logements nécessaires, mais il les aura vite retrouvés dans les économies réalisées sur le transport des fumiers ou des récoltes. Il les retrouvera dix fois dans la plus value du sol le jour où il voudra morceler le domaine pour n'importe quel motif (départ, vente, liquidation, partage de famille, etc.). La terre a une valeur bien plus considérable dans les pays peuplés et couverts de petites exploitations que dans les pays de grande propriété. Quelle différence de rendement aussi ! Peut-on soutenir par exemple qu'un vignoble de 300 hectares confié par lots de 15 hectares à 20 cultivateurs français ne sera pas beaucoup mieux soigné que s'il est cultivé par des journaliers indigènes ou italiens dirigés par deux ou trois contremaîtres français. En cas de mévente des vins, l'exploitation du grand vignoble deviendra ruineuse partout où la vigne ne produira pas 80 hectolitres à l'hectare ; elle sera encore rémunératrice dans l'exploitation en métayage, parce que le métayer père de deux enfants en âge de travailler, peut exécuter tous les travaux sans dépenser un sou et qu'il retire du sol les principaux éléments de son alimentation.

Aussi ne cesserons-nous de le répéter à tous les jeunes gens qui veulent s'établir comme colons en Tunisie : « Vous avez tout intérêt à morceler votre domaine en plusieurs exploitations, dès qu'il dépasse 100 hectares ». Les jeunes gens disposant d'importants capitaux par eux-mêmes ou par leurs relations deviennent de plus en plus nombreux. C'est une des choses les plus consolantes que de les voir arriver parmi nous pleins de cette ardeur et de cette foi qui animent la jeunesse. Il y en a bien quelques-uns parmi eux que la version grecque ou l'horreur des mathématiques ont chassé des bancs du collège avant l'heure, mais la plupart sont sérieux et appliqués. Ils ont préféré la vie indépendante et large du colon à celle du fonctionnaire enfermé dans l'atmosphère malsaine du bureau, ou à celle de l'officier condamné à l'obéissance passive de la caserne. Ils ont mieux aimé renoncer aux douceurs amollissantes de la vie bourgeoise de France et venir ici se créer une situation indépendante. Certes ils n'auront pas toujours en Tunisie la peau grasse et luisante de celui qui garde le logis, il leur faudra vivre à la dure, mais vraiment peut-on comparer la vie et la situation du colon à celle du bourgeois français ?

Qu'ils viennent donc de plus en plus nombreux ; qu'ils fassent un stage de plusieurs années chez leurs aînés. Le stage est indispensable. On considérerait comme extravagant le jeune homme qui voudrait faire une paire de souliers sans avoir appris le métier de cordonnier et on voudrait qu'un homme pût s'improviser agriculteur dans un pays neuf, alors que c'est le métier le plus difficile à apprendre. On risque de payer fort cher son apprentissage, si on s'établit avant de connaître son métier. Le jeune candidat se placera comme stagiaire dans une des fermes de l'État ou des particuliers. S'ils ne trouve pas de colon consentant à le recevoir, qu'il se loge dans un village agricole à proximité de bons cultivateurs, qu'il pourra voir tous les jours et dont il pourra suivre tous les travaux. Qu'il se méfie de son imagination et qu'il n'oublie pas qu'il est condamné à l'impuissance s'il n'a pas avec lui de bons paysans français.

Le grand obstacle à vaincre pour lui ce n'est pas en Tunisie qu'il le rencontrera, c'est en France ; c'est vous, Mesdames, qui le gênerez le jour où il reviendra au pays pour chercher une compagne. Marier sa fille à un Monsieur qui habite la Tunisie, quelle chose épouvantable ! Eh bien, non, Mesdames, il vaut mieux habiter une bonne ferme d'Afrique qu'une de ces boîtes minuscules de Paris ou de province qu'on appelle un appartement ; il vaut mieux vivre au milieu des champs que dans l'atmosphère malsaine et enfermée de vos villes. N'hésitez donc plus à marier vos filles à des colons : vos petits-enfants seront plus beaux et plus vigoureux et vos filles y seront plus heureuses. Élever de beaux enfants en plein air cela vaut encore mieux que d'écouter les mille petits potins des salons.

Mais tout le monde ne peut pas partir pour la Tunisie : on est retenu en France par des affaires ou par des liens de famille. Vous pouvez cependant, en gardant les pieds sur les chenêts de votre cheminée, vous intéresser au peuplement français de la Tunisie. Qui de vous ne connaît un jeune paysan actif et sérieux qui serait tout disposé à partir si on lui fournissait le capital nécessaire. N'hésitez pas à le lui prêter. Vous prendrez hypothèque sur la terre qu'il achètera et mettra en valeur avec vos fonds ; vous exigerez même qu'il contracte une assurance sur la vie pour tout ou partie de la somme prêtée, afin de couvrir tous vos risques. Durant les trois ou quatre premières années, vous n'exigerez aucun intérêt de votre emprunteur. Ces intérêts différés seront ajoutés au capital et vous ne demanderez une rémunération qu'à partir de la quatrième ou de la cinquième année. Vous pouvez retirer ainsi un intérêt de 5 à 7 %. C'est la combinaison du prêt colonial appliquée par M. de Castries qui a ainsi envoyé une famille nombreuse dans la Nouvelle-Calédonie. Si le sujet est bien choisi et s'il possède déjà lui-même une certaine somme, l'opération est sûre et rémunératrice. Cette combinaison est appelée à se développer sous les formes les plus diverses : prêt simple, commandite, association, etc.

D'autres aimeront mieux choisir autour d'eux un bon paysan auquel ils confieront la ferme en métayage. Deux commerçants de Nancy, MM. Cerisier et Jacques viennent de nous envoyer ainsi deux familles d'excellents cultivateurs, qu'ils installent en qualité de métayers dans le centre français de « Goubellat. »

Quelques-uns s'uniront à un de ces jeunes gens dont je parlais tantôt pour leur fournir des capitaux ; d'autres aimeront mieux souscrire des actions ou des obligations dans les entreprises privées qui existent déjà ou dans celles qui se créeront sûrement. Quelles que soient leurs préférences, qu'ils étudient à fond l'affaire qui leur convient, qu'ils viennent même sur place passer quelques mois d'hiver sous notre beau ciel bleu, s'ils en ont le loisir ; qu'ils jugent par eux-mêmes ou qu'ils s'entourent de tous renseignements utiles avant de prendre une décision. Qu'ils n'imitent pas ces capitalistes qui se comptent par milliers et qui après avoir fait des pertes par leur propre faute, en rendent ensuite responsable le pays ou le gouvernement.

On trouvera donc en France les jeunes gens riches et les capitaux nécessaires pour l'œuvre de colonisation, mais y rencontrerons-nous aussi les paysans nécessaires ? — De tous côtés on se plaint dans nos campagnes du manque de bras, le paysan déserte les champs pour se précipiter dans les villes. Cela est vrai. Pour quels motifs vont-ils à la ville ? Beaucoup sont attirés par l'attrait des plaisirs urbains, mais la plupart, chassés par le chômage des longs mois d'hiver et par les machines, viennent y chercher un travail régulier et constant. C'est précisément parmi ces milliers de paysans disposés à quitter le sol natal que nous recruterons les hommes qui nous sont nécessaires. D'ailleurs il ne nous faut pas tous les ans des milliers de personnes, mais à peine 3 à 400 chefs de famille. Évidemment si vous demandez à 1.000 cultivateurs possédant un petit capital de venir en Tunisie, 1.000 peut-être vous répondront : « Non » ; mais si vous le demandez à 5.000, vous êtes assurés d'en rencontrer 1 ou 2 qui accepteront. Or il nous en faut à peine 1 sur 20.000 tous les ans. N'oublions pas que la France compte encore 20 millions de cultivateurs. Il ne s'agit pas de provoquer un exode de paysans français et de dépeupler nos campagnes ; il suffit de trouver un cultivateur sur 30 ou 40.000 qui consente à venir en Tunisie. Cela fera à peu près l'effet d'une saignée de nez de quelques gouttes de sang sur votre organisme. Et le jour où l'on créerait dans le pays un mouvement d'émigration, n'aurait-on pas de suite un plus grand nombre de naissances ? Les paysans français restreignent volontairement le nombre de leurs enfants, parce qu'ils ont perdu de vue les larges horizons et les vastes pensées. Qu'ils prennent l'habitude d'émigrer et comme leurs frères du Canada ou d'Algérie, qui ont de l'espace devant eux, les familles nombreuses ne seront plus des exceptions.

En attendant, n'oubliez pas que la Tunisie vous demande tous les ans un paysan par arrondissement, trois ou quatre par département. Sera-t-il donc impossible de les trouver dans ce pays des Croisés, ce pays des soldats de

1793. Mais cette exception infinitésimale, ces êtres extraordinaires nous les trouverons, je vous assure, très facilement. Les motifs les plus divers provoquent ces vocations. Permettez-moi de vous en indiquer un auquel vous n'avez pas peut-être encore songé. L'an dernier je voyais dans une ferme de Tunisie, une jeune femme récemment débarquée et très heureuse de se trouver en Afrique. Ce spectacle m'étonnait, car généralement les femmes pleurnichent durant huit jours à six mois après leur arrivée, suivant la capacité de leurs glandes lacrymales. Et celle-ci arrivée depuis huit jours avait un visage souriant : « Pourquoi donc, lui demandai-je, êtes-vous déjà si heureuse dans ce pays ? » — « Ah, Monsieur, me répondit-elle en souriant, c'est que je n'ai plus ici ma belle-mère. » Eh bien, croyez-vous qu'il n'y ait pas dans nos campagnes quelques milliers de belles-mères acariâtres que leurs brus ou leurs gendres seront heureux de quitter ?

Nous trouverons des émigrants même parmi ceux qui aiment tendrement leur belle-mère, dans les milliers de candidats aux places de cantonnier, de facteur ou d'homme d'équipe. Dans certaines régions de France, il faut de puissantes protections politiques pour gagner 45 sous par jour comme cantonnier. Aussi suis-je persuadé que beaucoup de députés nous seraient reconnaissants si nous les délivrions des plus importuns de leurs solliciteurs. C'est pourquoi je les supplie de nous aider à obtenir du Ministre des Affaires étrangères qui nous gouverne les mesures nécessaires pour assurer le peuplement français de la Tunisie. Croyez-vous que ces solliciteurs ne gagneront pas à renoncer à l'emploi de cantonnier ou de facteur rural pour devenir maître-valet, métayer ou fermier dans la Régence. D'un côté, un maigre salaire qui leur permet à peine d'élever leur famille, la subordination la plus étroite, le travail le plus monotone. De l'autre côté, une vie large et indépendante dans un pays neuf, la certitude pour eux d'être un jour propriétaires s'ils veulent être économes et laborieux.

C'est en effet le grand attrait de la propriété qui nous procurera le plus de paysans français. En France où le sol vaut de 1.000 à 1.500 fr. l'hectare, la propriété est presque inaccessible au simple journalier, à celui qui ne dispose que de ses bras. Dans un pays où le sol vaut 150 à 200 fr. l'hectare, tout paysan laborieux peut être propriétaire de son domaine. Qu'on ne s'imagine pas pour cela qu'il soit possible de faire arriver brusquement à la propriété le paysan de France dénué de ressources. Lui donnerait-on pour rien la terre, la maison, le cheptel, qu'on ne pourrait pas lui conférer pour cela les qualités du paysan français propriétaire, esprit d'ordre et d'économie, amour du travail, qualités sans lesquelles il serait impuissant à conserver la propriété reçue en don. Au contraire, le paysan qui a économisé sou à sou les premiers billets de mille francs comme domestique ou métayer, connaît le prix de l'argent. Le jour où il aura acquis un lot de terre vous pouvez être assuré qu'il ne sera plus exproprié. Qu'on facilite tant qu'on pourra l'accès de la propriété à tous ceux qui disposent de quelques milliers de francs, qu'on leur vende à enzel des lots de 5 à 20 hectares défoncés en partie à la vapeur et pourvus d'une maison, qu'on les leur cède avec de grandes facilités de paiement, qu'on vende même à prix réduit dans certains cas exceptionnels aux pères de nombreux enfants, par exemple, un petit lot de terre, ce sont là d'excellentes mesures. Mais qu'on ne donne jamais gratuitement la terre, on n'arriverait qu'à créer une race de mendiants électoraux sans dignité, sans initiative et sans énergie. Celui qui veut être propriétaire doit le devenir par son travail et non par faveur ; sinon on fausse tous les ressorts de l'initiative privée qui doit rester le grand facteur dans toute œuvre de colonisation.

Vous le voyez, le peuplement de la Tunisie par nos compatriotes doit se faire par l'initiative privée ; il doit être l'œuvre des Français plutôt que de leur gouvernement. Quand ils auront fait leur devoir et qu'ils nous auront envoyé quelques centaines de jeunes gens et quelques milliers de paysans, alors et alors seulement ils auront le droit de s'adresser au gouvernement français et de lui reprocher son indifférence. Et soyez sans crainte, le gouvernement fera son devoir.

Nous ne demanderons à l'État qu'une seule chose : qu'il remplisse ses devoirs d'État dans un pays de colonisation ; qu'il se procure les terres disponibles, qu'il revendra ensuite aux colons, qu'il crée les chemins d'accès, la poste-école, l'église, qu'il fasse les adductions d'eau, qu'il s'efforce d'amorcer le courant d'émigration entre la France et la Tunisie.

Son premier devoir est de disposer des terres à vendre par lots de 20 à 50 hectares. Les terres domaniales sont très rares dans la région Nord, les biens « habbouss » (biens de mainmorte) ont été presque tous acquis par des particuliers, et il n'y a plus de terres disponibles pour la petite colonisation. Le sol est divisé en d'immenses domaines dont l'étendue varie de 200 à 90.000 hectares ; l'État doit acquérir au plus tôt tous les domaines disponibles pour les morceler en faveur des colons français. Un émigrant qui veut acheter une petite propriété ne peut pas la trouver à l'heure actuelle ; il n'a le choix que sur 10 à 12 lots. Ce n'est pas 50 à 60 lots que l'État doit pouvoir offrir, mais plusieurs milliers de petites propriétés, afin que chacun puisse trouver une terre à sa convenance.

Si l'État n'achète pas lui-même les domaines disponibles, les Sociétés italiennes qui disposent de puissants capitaux accapareront des étendues considérables tout d'un tenant et le peuplement de la Tunisie se fera par les paysans siciliens. Les traités nous empêchent pour le moment d'interdire la propriété du sol aux étrangers, comme on le fait à Jersey, en Russie, en

Roumanie, etc. Mais rien ne nous empêche de doter notre caisse de colonisation de 8 à 10 millions pour qu'elle achète tous les domaines disponibles. On pourrait trouver cette somme, partie dans les excédents de recettes, partie dans le fonds de réserve ou dans un emprunt fait à la caisse de la vieillesse ou à la caisse de dépôts et consignations. Il est urgent que la caisse de colonisation cesse de fonctionner dans le vide, comme elle l'a fait jusqu'ici. Si vous connaissez quelque député, quelque homme politique, je vous en prie instamment, demandez-lui d'user de son influence auprès du Ministre des Affaires étrangères pour que notre caisse soit dotée des 8 à 10 millions nécessaires. Je ne connais pas de mesure plus urgente, plus indispensable si on veut réserver la Tunisie à l'influence française.

Pourquoi d'ailleurs nous refuserait-on cette dotation ? Craindrait-on de ne point revendre ces domaines ? Mais, de tout côté en France il se lève une génération de futurs colons ; des milliers de jeunes gens renoncent aux servitudes des professions libérales pour se consacrer à la colonisation. En Tunisie on compte déjà plus de 100 stagiaires et la plupart ont de la peine à trouver un lot de terre à leur convenance. Qu'on crée 2 à 3.000 lots et vous verrez si on les laissera pour compte au gouvernement tunisien.

Craindrait-on de compromettre nos finances dans cette opération ? Si la caisse perd quelques centaines de mille francs dans les environs immédiats de Tunis où la terre a déjà acquis un prix très élevé, elle peut les retrouver largement dans les pays neufs, où elle achètera des terres à bas prix avant d'y construire les routes, les voies ferrées et les centres que l'État peut établir comme il l'entend. Enfin, la caisse devrait-elle perdre 2 à 3 millions, que l'État les recouvrerait vingt fois dans les plus values considérables du rendement des impôts, plus values certaines le jour où l'on aura établi quelques milliers de petites exploitations françaises.

En second lieu, l'État doit créer lui-même des centres, élever au milieu des plaines encore désertes la poste-école et l'église qui seront les points de ralliement autour desquels viendront se grouper les colons français. Nos paysans ne peuvent plus se passer de l'école ; vous n'aurez pas de Français si vous ne leur fournissez pas comme dans la mère-patrie les moyens d'instruire leurs enfants. L'église est aussi nécessaire que l'école. Le Français ne conçoit pas un village sans église. Les plus indifférents, parfois même les plus hostiles à la religion, sont heureux de faire baptiser leurs enfants, de voir leurs femmes fréquenter l'église, leurs filles faire leur première communion. Autre considération. Les pays qui nous fournissent le plus d'émigrants, ceux qui présentent des excédents de naissance sont les plus chrétiens et nous ne réussirons jamais à déterminer un mouvement d'émigration entre eux et la Tunisie, si nous n'élevons pas le clocher qui fera oublier celui qu'on laisse derrière soi en pleurant quand on quitte la vieille terre de France. Enfin, l'église ne serait-elle pas avec l'école le meilleur moyen d'assimilation en face des Italiens ?

Négliger d'employer un moyen si efficace, ce serait une ineptie coupable qui coûterait cher à l'influence française.

Il est inutile que l'État devienne lui-même entrepreneur de colonisation, qu'il construise des villages, qu'il installe des colons. L'initiative privée saura faire le reste, quand on lui aura fourni les terres, le chemin d'accès et le centre. Cependant au début, l'État doit user de tous les moyens en son pouvoir pour amorcer le mouvement d'émigration entre la France et la Tunisie. Les hommes sont des moutons de Panurge : il est très difficile de décider la première famille d'un village à traverser le grand ruisseau de la Méditerranée, mais quand la première l'a fait, cinq à six autres suivent son exemple. L'État est le plus grand employeur du pays : il a une armée de 3.000 fonctionnaires ; pourquoi ne les inciterait-il pas à acheter un lot de terre sur lequel ils installeraient un métayer ou un fermier ?

Il emploie des centaines de cantonniers, pourquoi ne réserverait-il pas ces situations à des Français ? Qu'il construise partout des maisons cantonnières accouplées deux à deux et qu'il fasse appel aux cantonniers de France qui gagnent à peine 35 sous par jour. En leur donnant en Tunisie le tiers colonial il aura d'excellents sujets.

Qu'il oblige les Compagnies de chemin de fer, qui pourraient faire vivre un millier de familles françaises, à n'employer que nos compatriotes comme poseurs de la voie. Avec les salaires actuels, un Français peut vivre si on lui fournit une maisonnette et un jardinet. Que l'État oblige ces Compagnies à faire construire ces maisonnettes, qu'il les construise lui-même sur le réseau qui lui appartient en toute propriété. Est-il admissible qu'une Compagnie française, le Bône-Guelma, qui dépense un million pour son administration centrale, qui reçoit chaque année du Trésor français une garantie d'intérêts de 7 à 8 millions, se refuse plus longtemps à n'employer que des Français ? Toutes les circulaires à ce sujet resteront lettre morte tant qu'on n'aura pas bâti dans les solitudes traversées par la voie les maisonnettes nécessaires pour loger les ouvriers français et leur famille.

Nous pouvons affirmer qu'on trouverait très facilement en France d'excellents sujets pour occuper ces situations à traitement fixe (2 fr. 50 à 4 fr. par jour) de cantonniers ou de poseurs de la voie. Quels heureux résultats pour notre influence si nous avions un millier de familles françaises originaires des pays pauvres des Alpes et du Plateau central disséminées à travers toute la Régence. Ce seraient autant de foyers d'appel pour l'émigration française. Chaque année la maisonnette abriterait deux ou trois compatriotes venant voir le pays et cherchant à se placer chez les propriétaires voisins ou à acheter les petits lots disponibles du voisinage. La Direction des Travaux publics et la Compagnie Bône-Guelma qui ont confié si longtemps l'entretien exclusif des routes ou des voies ferrées aux Italiens, ont été sans le vouloir les meilleurs auxiliaires de la colonisation sicilienne.

Il y a bien d'autres mesures secondaires que l'État peut prendre pour amener les Français : le Comité du Peuplement les a étudiées et les a signalées à l'attention des Pouvoirs publics. L'essentiel est que tous nos services (guerre, marine, travaux publics, etc.), soient bien persuadés que le but essentiel de notre occupation c'est d'implanter dans ce pays tempéré 100.000 paysans français et d'empêcher à tout prix les Italiens de prendre possession du sol en groupes compacts de plusieurs milliers de personnes.

Devrait-on pour atteindre ce but employer des moyens artificiels, priver la France de 100.000 Français et dépenser une centaine de millions, qu'il ne faudrait pas hésiter. Nous remplacerions en France les 100.000 hommes perdus par 100.000 Italiens. 100.000 étrangers de plus disséminés sur notre territoire seraient vite assimilés. 100.000 Italiens de plus en Tunisie, c'est au contraire un danger permanent pour notre influence, c'est rendre inutile toute l'œuvre accomplie jusqu'à ce jour. En vain, Jules Ferry nous aura dotés de cette nouvelle province, en vain nous aurons dépensé 5 à 600 millions pour l'occupation militaire du pays ! En vain le Parlement aura voté 40 millions pour les fortifications de Bizerte ! Puisque le pays sera occupé par des paysans siciliens. 100.000 cultivateurs français de plus en Tunisie, c'est la prise de possession du sol par notre race pour de longs siècles. Vienne même l'adversité qui nous enlève la domination politique, nous conserverons toujours la Tunisie, comme ce Canada perdu par notre politique, mais reconquis à l'influence française par les 63.000 paysans de 1763 qui forment aujourd'hui une nation de 2.500.000 individus.

Mais grâce à Dieu les moyens artificiels ne sont pas nécessaires : la race française est encore pleine de vie et d'activité. Si en maints endroits la natalité est faible, 30 de nos départements offrent encore des excédents de naissance et fournissent chaque année une émigration de 200.000 personnes à nos villes. De tous les côtés les jeunes gens riches se lèvent pour travailler à l'œuvre coloniale. Vous ne sentez donc pas que ce réveil se manifeste partout. Il y a vingt ans, les questions coloniales laissaient tout le monde indifférent ; aujourd'hui elles passionnent déjà plusieurs millions de Français. Que l'État fasse son devoir, qu'il achète au plus tôt les terres disponibles, qu'il crée les voies ferrées, la poste-école, l'église dans tout centre français et l'initiative privée saura faire le reste. Qu'on sache bien en France que la Tunisie est envahie par l'élément sicilien, que 25.000 d'entre eux sont en voie de s'établir à tout jamais sur le sol et l'opinion publique ne restera pas indifférente, elle amènera le Gouvernement à prendre les mesures nécessaires pour conserver à notre pays ce poste avancé de notre empire dans la Méditerranée, et l'initiative privée nous fournira les hommes et les capitaux nécessaires pour faire de la Régence une terre française.

Je vous remercie, Mesdames, Messieurs, de la bienveillante attention que vous avez bien voulu m'accorder, mais cela ne suffit pas. Il faut agir et agir sans relâche. Que chacun de vous prenne la résolution de travailler dans la mesure de ses forces au peuplement français de la Tunisie. Faites connaître la situation autour de vous. Faites-là connaître surtout à tous ceux qui peuvent venir nous aider à prendre possession du sol, aux jeunes gens riches ou aux capitalistes qui nous fourniront les chefs d'entreprise et les capitaux. Dites leur qu'ils feront une excellente affaire tout en contribuant au développement de l'influence française, s'ils dirigent leur entreprise avec méthode et avec prudence. Dites-leur qu'ils ne craignent pas surtout de se déplacer, de venir examiner par eux-mêmes le pays : notre ciel est si bleu, notre climat est si doux qu'ils aimeront notre terre dès qu'ils y auront mis le pied.

Faites connaître la situation à ces milliers de jeunes paysans qui perdent leur temps à solliciter des députés une place de cantonnier ou de facteur ; à tous ceux qui ont encore quelque activité, dites-leur de s'établir en Tunisie comme propriétaires, métayers ou fermiers.

Ne l'oublions pas, nous sommes un peuple qui a le diable au corps. A toutes les époques de l'histoire nous sommes sortis de nos frontières. Aux Croisades nous étions à la tête du mouvement et on voit encore dans tout l'Orient les châteaux féodaux élevés par nos ancêtres : depuis la Révolution nous sommes sortis plus d'une fois de notre pays, mais, hélas ! Nous avons tout perdu. C'est que depuis ce temps-là les esprits ardents, les nobles intelligences consument toute leur activité dans les querelles de ménage. En 1814 et en 1815, si toute la France avait pu se grouper autour d'un gouvernement national, n'aurions-nous pas conservé la frontière du Rhin ? En 1870, sans nos discordes civiles aurions-nous subi les désastres de Sedan et de Metz. Et récemment encore, au moment de l'humiliation de Fachoda, qui songeait à la guerre avec l'Angleterre ? L'opinion publique n'était-elle pas cent fois plus préoccupée par nos disputes intérieures. La France périra dans les discordes civiles, si elle ne trouve pas un dérivatif pour l'activité dévorante qui anime les meilleurs de ses enfants. Si vous aimez votre pays, dirigez son attention vers la constitution et la mise en valeur de notre empire colonial. Ce sera notre seul moyen de salut. Soyons de plus en plus respectueux des opinions politiques de nos adversaires, n'essayons pas de leur imposer notre manière de voir par la force.

Ne permettons pas surtout que notre pays tombe au rang de ces Républiques américaines où les luttes intestines et les révolutions violentes absorbent toute l'activité du pays. Qu'une grande pensée domine toutes nos agitations intérieures, toute la vie politique des bons Français : le développement de la plus grande France, de celle qui se forme au delà des mers.

Lille Imp. L. Danel

OUVRAGES DE J. SAURIN :

Manuel de l'Émigrant en Tunisie (21e mille)................ » 50

Manuel de l'Émigrant en Algérie .... » 75

L'Avenir de l'Afrique du Nord. (Étude sur le mode de culture à suivre dans ce pays).. 1 50

La Constitution de la Propriété et les Contrats de Culture indigène en Tunisie........................ 1 »

Le Peuplement français de la Tunisie........................ 1 »

Lille Imp. L. Danel.

www.ingramcontent.com/pod-product-compliance
Ingram Content Group UK Ltd.
Pitfield, Milton Keynes, MK11 3LW, UK
UKHW032026260826
14628UKWH00006B/2755